LA LUZ DE LA VIDA DETENIDA

ALEJANDRO CORTÉS GONZÁLEZ

LA LUZ DE LA VIDA DETENIDA

Prólogo
CARMEN RUIZ BARRIONUEVO

Diputación de Salamanca
2025

EDICIONES DIPUTACIÓN DE SALAMANCA
SERE LENGUA Y LITERATURA, N° 73

1ª Edición: 2025
© Diputación de Salamanca y Alejandro Cortés González

© de la imagen de la cubierta e interiores. Miguel Elías

DIPUTACIÓN DE SALAMANCA
e-mail: ediciones@lasalina.es
http: //www.lasalina.es

Diseño y maquetación: Difusión y Publicaciones

I.S.B.N.: 978-84-7797-788-9
DL S 371-2025

Imprime: Nueva Graficesa. Salamanca

Poeta Alejandro Cortés González
Premio 2025 Pilar F. Labrador
Salamanca

XII PREMIO INTERNACIONAL DE POESÍA
"PILAR FERNÁNDEZ LABRADOR"

Un jurado, integrado por Jesús Fonseca, Carmen Ruiz Barrionuevo, Pilar Fernández Labrador, Alfredo Pérez Alencart, José María Muñoz Quirós, David Mingo, Federico Díaz Granados, Harold Alva, Carlos Aganzo, Rosa Alice Branco, Juan Carlos Martín Cobano e Inmaculada Guadalupe Salas, en reunión telemática celebrada en Salamanca el 16 de julio de 2025, concedió este premio al poeta colombiano Alejandro Cortés González, por su libro *La luz de la vida detenida*, uno de los doce trabajos seleccionados como finalistas, de los 1.213 trabajos presentados desde todos los países iberoamericanos, España, Portugal y otros. El premio, de carácter anual, lo convoca la Asociación de Mujeres en Igualdad, con la colaboración de la Sociedad de Estudios Literarios y Humanísticos de Salamanca (Selih) y la Diputación Provincial de Salamanca. Victoria Pérez Castrillo actuó como secretaria del premio.

De la *vida detenida* en la poesía
de Alejandro Cortés González

El escritor colombiano Alejandro Cortés González (Bogotá 1977) es autor de libros de narrativa como las novelas *Notas de inframundo* (2010), *Del relámpago nacerán luciérnagas* (2018) y la colección de cuentos *Todos los diablos tienen sed* (2022), aunque ha publicado con más asiduidad en verso. Su título inicial, *Pero la sangre sigue fría* (2012) agrupa ya casi todos los temas que irá desarrollando en su obra, el tiempo, la memoria y la recuperación de los motivos de la infancia en una combinación de verso y prosa poética. Ya decía entonces que "El poeta es una herida abierta en el tejido del mundo, / un ciudadano de la memoria que siempre está de paso"; *Sustancias que nos sobreviven* (2015), vuelve a abrir las rendijas temporales, sus simbolismos y heridas que se vuelcan en la memoria, sus sometimientos y frustraciones; a ellos se añade la música y la reflexión metapoética. En *Instantáneas dominicales* (2019) y *Almanaque Bristol 1987* (2019) se impone también el poder de lo temporal, los tiempos muertos del domingo y la magia de las palabras y las cosas. La música domina como una de sus pasiones en *El álbum púrpura* (2021). En 2023 aparece la antología *Lo que queda entre las manos* que reúne lo más significativo de su trayectoria hasta este momento. Pero al mismo tiempo, en ese año publica *El señor notario* que se hace acreedor del *I Premio Iberoamericano de Poesía José Santos Chocano* en Perú. Es este un libro que culmina su madurez poética con una nueva mirada crítica que remueve lo precedente. Con cierto humor distante, se vuelca hacia la sociedad y su entorno, pues parece haber clausurado con una mirada comprensiva los réditos de la infancia. Justifica en sus páginas: "Me gusta pensar que mi paso por el mundo es más que un simple seguir de filas; que, además, puedo ser el notario de un instante donde lo poético ha abierto grietas de luz sobre los días".

De este modo su trayectoria de escritor se manifiesta consolidada. Pero no se comprendería bien su personalidad sin añadir que las actividades de Cortés González ocupan diversos ámbitos creativos pues, además de poeta y narrador es músico, editor, gestor cultural, profesor universitario y director de talleres de creación literaria. En su faceta musical es componente del dúo de rock *Grave Compañía*, actividad que también compagina con la *Fundación Trilce* y la coordinación del espacio cultural *Trilce* en la Biblioteca Luis Ángel Arango en Bogotá.

Todas estas ocupaciones muestran el amplio quehacer de su autor, algo que se trasluce en este libro, *La luz de la vida detenida*, con el que poeta colombiano se ha alzado con el XII Premio Internacional de Poesía Pilar Fernández Labrador en 2025[1], un título marcado por gestos contemporáneos, como la perspectiva ante el arte que puede construir o limitar la libertad estética y también la música del mundo actual como contrapunto y vivencia. Era de esperar, además,

---

[1] Puede consultarse una entrevista reciente con referencias al libro premiado, 31 de julio de 2015,
https://laud.udistrital.edu.co/literaturaentrevista/esto-es-poesia-para-los-que-creen-que-no-leen-poesia

que constituyera una declaración de intenciones en un tema que le obsesiona, el de la poética y la libertad para plasmar el arte. Por eso es significativo que el libro se abra con unos versos de Rafael Alberti procedentes de un título en el que se reivindica la misma libertad creativa, *Yo era un tonto y lo que he visto me ha hecho dos tontos,* poemas escritos en 1929 en homenaje a los cómicos del cine y que se ha venido considerando una de las obras más originales de los años 20 en España. No en vano llegaría a afirmar el poeta gaditano, "Yo nací —¡respetadme!— con el cine", y en sus poemas aparecen esos primeros personajes del cine en blanco y negro, como Charles Chaplin, Buster Keaton, o Laurel y Hardy que poblaron de genialidad los comienzos del nuevo arte. Pero en el epígrafe seleccionado, el poeta colombiano resalta factores como el silencio y la inmovilidad que son los que van a definir "la vida detenida": "*Y es que a mí me preocupa mucho el silencio y la astronomía / y la velocidad de un caballo parado / y la inmovilidad de los trenes expresos / que predicen la futura muerte de los tranvías*". Si dentro de una amalgama contradictoria y oximorónica, Alberti fusiona el silencio y la astronomía, así como imágenes que inciden en la inmovilidad, "velocidad de un caballo parado", "inmovilidad de los trenes expresos", estas mismas imágenes, elegidas por Cortés González, condicen bien con esa incertidumbre o la perplejidad que subraya el exceso de nuestro tiempo adelantando el testimonio de una intimidad y de un hacer poético.

El libro se abre con un primer apartado, que titula "Principio de incertidumbre", concepto característico y notorio del siglo xx, desde que llamara la atención sobre su incidencia Werner Heisenberg con su conocido *Principio de Incertidum bre* (1927) que marcó un hito en la evolución de la física y el conocimiento del mundo. Heisenberg hizo ver que no era posible conocer con precisión el momento y la posición de una partícula en un momento dado pues la indeterminación marcaba a uno de sus componentes. Desde entonces se ha advertido cómo este principio se puede aplicar a otros campos del conocimiento y también a nuestra vida cotidiana. Y tanto, que se ha convertido en el efecto limitador de los alcances del conocer. Por eso la ciencia ha reconocido y abordado la incertidumbre como una característica inherente a numerosos fenómenos, y ha admitido los límites del abordaje.

El propósito metapoético de Cortés González comienza ya con el primer poema, "Arte poética para empezar a bailar", con el epígrafe de Jean Genet, *"Un baile es la tentativa de tu cuerpo por identificarse con tu reflejo"* (*El funanbulista*). Acuciado por la premura y la ansiedad, el movimiento propicia la escritura, algo que conduce hacia la imagen apenas entrevista, a la vez impregnada de emoción, y de elaboradas sinestesias, "aparece una emoción que es similar a un color cálido o frío / a un tono mayor o menor". No extraña el surgimiento de imágenes auditivas, nacidas de la propia pulsión musical, por eso "Antes del baile nos vamos tragando las notas", con lo que el proceso se acelera, y, hay que escribir, plasmándolo en la página. Ante la premura de la imagen que produce un acelerado nerviosismo, la incitación a bailar es un impulso que conecta con el proceso de plasmación metapoética, y que en "Sobre la posesión" recala en la singular relación con la poesía: amando "su idilio nocturno a cualquier hora del día". No existen certezas, sino incertidumbres, la poesía es imprevisible e intermitente, incierta en el aviso de su llegada.

En este apartado de varios poemas que envuelve la incertidumbre se valora una serie de aspectos que van armonizando una poética, desde la recuperación de la infancia, la plasmación de la vida detenida en el propio poema, a las diversas lecciones que la poesía entraña, siempre a través de las cuales se va desgranando el proceso poético. Urge explicar ese proceso y el primer movimiento valora la incidencia de la memoria, muy en especial en la recuperación de la niñez. Poemas como "La poesía recupera la infancia en la mirada I" y "La poesía recupera la infancia en la mirada II" reflejan lo oculto que nos constituye y cómo el poeta hace nueva cada palabra para retornar al punto mismo del nacimiento, porque "Poesía es recuperar la infancia en la mirada". Pero también la poesía condena y condiciona, nos coloca frente al precipicio ("ahora que me abismo ante espejos negros"), en ese transcurso que constituye su principio de incertidumbre. En "Poética en cuerpo de paloma" lo expresa bien: "No es cuestión de maravillarse con cualquier cosa, sino de impedir que la experiencia y el orgullo se interpongan entre el yo poético y la fascinación". La clave radica en la capacidad de asombro que es algo que el poeta conlleva al preguntar y preguntarse por la realidad y el mundo.

Hace pocos años, en el prefacio del libro de cuentos *Todos los diablos tienen sed* (2022), el poeta explicaba su concepto poético. La poesía, dice, nace del aburrimiento, pero también de la sonoridad, es como una corriente que le solicita su encarnadura en la palabra, con lo que sus frases "llegan cargadas de significados nuevos, imágenes nacientes, con la emoción aún tibia" y aclara que "entonces siento que fluyo y continúo, aunque sepa que mi punto de partida fue una pulsión rítmica bajo mis palabras". Porque para él "Lenguaje, imagen y ritmo: [son] los tres elementos constitutivos de la poesía", aunque no exista un método ni un proceso fijo, porque "la escritura nace del aburrimiento. Una cadencia que se repite". Es entonces cuando hay que ponerse a escribir, y dar comienzo a "otra sonoridad: la mía, la de adentro", la que impregna la propia sonoridad en las palabras[2].

---

[2]   https://circulodepoesia.com/2025/05/poetica-del-aburrimiento-texto-de-alejandro-cortes/
Círculo de poesía 24 de mayo de 25, 20.

Este hacer que combina ritmo y palabra, que siente tan personal, remueve la captación de la memoria. Algunos conceptos desarrollados en este apartado lo explican bien, así el concepto de "La luz de la vida detenida" se aborda en dos poemas que adoptan algún rasgo explicativo o ensayístico, según propia confesión:

> Nota: Al comienzo, este texto fue explicativo, ensayístico: Poco a poco fue encontrando el modo de sumergirse. Tal vez el ensayo sea un poema diurno y el poema, un ensayo que ha encontrado su noche.

Los dos poemas asedian el mismo tema, lo que refuerza la idea de continuada reflexión metapoética. "La luz de la vida detenida" es la oportunidad para volver a vivir los momentos del pasado, así como no deja de tener "efectos secundarios" en su instrumentalización. Toda apreciación de la vida detenida exige una contemplación, y a vez permite que lo poético habite en el ser, convirtiéndose en su instrumento para facilitar su contemplación. La poesía armoniza, conforta, escribe en "Lugar no común"; pero también en "Sobre la poesía pura" rechaza con contundencia la impostura: "Planeo transformarla / convertirla en aire, / pero su sangre se me escurre entre los dientes". Las lecciones recurrentes en varios poemas de este apartado nos seleccionan el verdadero sentido de lo poético, "Puse un poema en la balanza / No pesa nada / El mundo transformado pierde peso" ("Lección poética de física"); y luego menudean otras lecciones, "Lección poética de paleontología", "Lección poética de geografía", "Lección poética de geometría horizontal" y "Lección poética de saludos y despedidas". Son poemas que abordan la fragilidad de lo poético, las imágenes heladas y fosilizadas, así como el fracaso de lo creado. También la "Lección poética de geografía" valora el reconocimiento del mundo, así como la "Lección de geometría horizontal": "Simplemente viajamos en el tren / mientras el sol lanza sus rayos de lado contra la verticalidad de las ventanas / y nosotros / horizontales de horizonte /andando el paisaje de un mapa que al desplegarse pierde los meridianos /combatimos el paralelo de la muerte". Cierra este apartado marcado por la incertidumbre la "Lección poética de saludos y despedidas", gestos y contrafiguras poéticas que las manos expresan con saludos o con despedidas que implican siempre un duelo de soledad.

Como se puede apreciar, en este poemario de disposición tripartita, la primera parte es más expositiva de su concepción poética, luego avanza con una segunda parte "El subsuelo de la noche", que es el entorno que envuelve la obra, y cierra una tercera parte con el poeta como lector, "Otras luces detenidas", amplio catálogo de autores queridos e indiscutibles. Escritores que han conseguido plasmar esa "luz detenida", una nómina de muy distinto estilo, aun de poéticas contradictorias, pero con ello se abunda en algo que confiará en la segunda parte al apoyar el gran abanico de lo poético. De Joseph Conrad, a la poeta argentina Olga Orozco, de Bernardo Soares de Fernando Pessoa o de Walt Whitman a María Luisa Bombal, de Ernesto Cardenal, César Vallejo, Juan Gelman, Sylvia Plath o la uruguaya Marosa di Giorgio, dejando incluso la puerta abierta para incluir una alegre superchería con un personaje de Los Simpson. Es un repaso de lecturas, vivencias, comentarios, porque los autores se entrañan en su biografía y su poética como autor del siglo XXI. Son dispares, pero sobre todo son poetas, aunque también incluye algunos narradores y pintores. Me parecen muy significativas las dos últimas, Marosa di Giorgio y María Mercedes Carranza, en dos poemas impactantes, "Marosa di Giorgio regresa a su casa después de morir", "María Mercedes Carranza regresa a su casa después de morir", iterativos y sobrecogedores.

La segunda parte, más breve, "El subsuelo de la noche", se refiere al ámbito de ejecución de la obra, al contexto creador, "Estamos entrando al subsuelo de la noche /a su cueva de perversas músicas / ¡Brindemos! /Sean todos bienvenidos" celebra en la parte final del poema del mismo nombre. En este ámbito, la imagen de "El minero ebrio" se erige como la contrafigura del poeta que arenga en la taberna después de haber llegado al subsuelo de la noche, donde excava la palabra en ese ámbito nocturno, al que nadie ha llegado ("El minero ebrio regresa sobrio de sus propios abismos"), después de haber jugado con el mismo diablo en la noche. En "Ritual con botella vacía" valora los dones del poeta-minero, que, convertido en escultor, cincela y brinda al terminar su obra. Por ello dirá "Brindo por el encierro que dignifica el trabajo del escritor", por los esfuerzos realizados, físicos y espirituales. En otro poema, "Frente a ustedes con un poco de vergüenza", el sujeto poético mantiene su actitud de no exhibirse ni hacer concesiones ante los demás, —el epígrafe de Jorge Enrique Adoum es significativo—, "no soy del tipo de autores que lee poemas mientras toca la gaita y golpea un tambor" porque "No vengo a bailar las palabras, ni a pintarlas, ni a cantarlas", y "Ni siquiera tengo idea de dónde salió eso de que a un poeta no le basta con escribir poemas y vivir en poesía". Dado este razonamiento se acaba imponiendo el rechazo del poeta como exhibidor, como animador o montador de "un show de vanguardista postmaldito". Y "¿Desde cuándo la poesía tiene la obligación de ser atractiva, comercial, un éxito en taquilla?" ya que "Hasta donde yo sé, la poesía sólo hace gala de su sencillez. Su enigma y complejidad radican en trabajar minuciosamente la palabra desnuda". Valora con firmeza:

La poesía es dura, a veces amarga, puede tener humor y ser cotidiana, pero sus besos y risas no ocultan los colmillos. Es mejor no intentar disfrazarla porque no se deja; se sacude, se va, no regresa y te quedas con el disfraz en la mano. Quien diga que la poesía es una amante dócil es porque no la conoce.

El espacio de la poesía, sus múltiples posibilidades, que tan bien expresa con los homenajes de la tercera parte, está desarrollada en el poema "La poesía es lo que cada cual necesita de ella", de estructura anafórica, en el que desgrana las múltiples posibilidades de lo poético: lírica, melodiosa, metafórica, preciosista, rimada o no rimada, pero también críptica, abstracta, densa, dramática, dolorosa, punzante, y tantas más. Incluso algunos la prefieren vanguardista e innovadora como *La nube en pantalones* de Vladimir Maiakovski, o más contemplativa, porque "La poesía es lo que cada cual necesita de ella"; es "una ventana para observar el mundo desde el interior de cada uno". Nada puede deslegitimar sus numerosas variedades, lo que importa es la emoción. Consciente de la transgresión que significa su propio poemario se llega a cuestionar si su libro es un ensayo, un manifiesto, un poema, un texto raro, pero nada mejor que el razonamiento desarrollado y la larga lista de homenajes de la tercera parte para demostrar que la poesía se cumple según el pensamiento del autor.

CARMEN RUIZ BARRIONUEVO
Universidad de Salamanca

Y es que a mí me preocupa mucho el silencio y la astronomía
y la velocidad de un caballo parado
y la inmovilidad de los trenes expresos
que predicen la futura muerte de los tranvías

RAFAEL ALBERTI

PRINCIPIO DE INCERTIDUMBRE

—Artes poéticas—

ARTE POÉTICA PARA EMPEZAR A BAILAR

Un baile es la tentativa de tu cuerpo
por identificarse con tu reflejo
Jean Genet

El perro de la ansiedad nos muerde los huesos
Una sombra blanca acecha desde adentro
Viene cargada
Ese anhelar
Ese *qué diablos trajo*
Se presiente un movimiento
Vamos a escribir

Es movimiento no porque se mueva
sino porque nos mueve
Y antes de saber qué nos trajo
antes de ver una imagen
aparece una emoción que es similar a un color cálido o frío
a un tono mayor o menor
Los huesos que mordió el perro nos bailan sobre
                                    [un meridiano eléctrico
La cara roja
las manos invertidas
la boca de un simio hace ronca una trompeta
Antes del baile nos vamos tragando las notas
como si la cámara de nuestras tensiones echara a andar al revés

Y estamos pensando
No se necesita saber en qué se piensa para estar pensando

El cerebro se mueve más rápido que la lógica
Ya pronto aparecerá la imagen
Buscamos un lápiz
El hambre de morderse los dedos
Los tics de traer mojados los nervios
Claro que se escribe con el cuerpo
y con este ritmo de pensamiento articulado dionisiacamente
                              [con nuestras propias articulaciones
donde se piensa sin pensarse
donde se mueve sin moverse
Un ciego enjaulado presiente la música muda
El cuerpo se agita
Vamos a bailar.

SOBRE LA POSESIÓN

Ella no es tuya
sino del vacío que te asfixia cuando ella te falta
Ama el aliento que tú recoges en palabras
Ama su idilio nocturno a cualquier hora del día

Ella no explica
No consuela
No te regala un solo grano de certeza

Alégrate por las veces que te ha mirado
Si la amas sin exigencias puede que te vuelva a mirar

No pienses mucho porque la espantas
Toma con calma el ciclo del entusiasmo al desapego
de la euforia a la congoja
La poesía es mujer de intermitencias.

LA POESÍA RECUPERA LA INFANCIA EN LA MIRADA I

La poesía recupera la infancia en la mirada
Un momento que dura toda la vida
donde caben la consciencia del tiempo
y la ternura de cada hombre dentro de su tiempo
Antes del poema
mundo y hombre están a punto de nacer

Cada palabra nombra una cosa
no su misterio
Cuando se explica un misterio
se pierde un abismo
La poesía no son palabras
sino la luz o sombra que las circunda
y desborda el lenguaje
como el espíritu desborda el cuerpo

Poesía es decir lo indecible
Lo que se presiente en la región fuera del habla
Al nombrarlo
existe

El poeta contempla
Luego el mundo se contempla en el poema
El poeta hace nueva cada palabra
porque la carga de contemplación

Los versos que ocultan su origen
reflejan lo oculto
Lo que aún no somos
ya nos constituye.

LA POESÍA RECUPERA LA INFANCIA EN LA MIRADA II

Se escribe poesía para recuperar la infancia en la mirada
Ver todo como acabado de nacer
Y verlos a todos como recién nacidos
Indefensos
Redondos
Adorables
Tal como los veía su mamá ese y todos los días
aunque rompan un florero
traicionen a alguien o cometan un delito

Después de cada ofensa
ver al agresor como un niño castigado
en la esquina del salón

Una madre espera a que su hijo salga de la cárcel
viendo sus fotos de niño

Poesía es recuperar la infancia en la mirada
Tal vez no lo entiendan así los impecables de la poesía
pero sí los hombres y los niños
que han cumplido su castigo.

PRINCIPIO DE INCERTIDUMBRE

La poesía que leo me ha quemado los ojos
La poesía que rayo me ha quemado los huesos
Cuerpo que dibuja en el piso las fronteras de su propio cadáver

Ahora que soy ceguera de vísceras frente al precipicio
Ahora que me abismo ante espejos negros

¿De dónde me sostengo?

POÉTICA EN CUERPO DE PALOMA

Miro a un niño
que mira a una paloma
que mira a un águila de yeso

No es cuestión de maravillarse con cualquier cosa,
sino de impedir que la experiencia y el orgullo se
interpongan entre el yo poético y la fascinación. Se
deja de ser poeta cuando la soberbia entorpece la
capacidad de asombro; es por eso que hay más poesía
en los regocijos de un niño que recién camina, se
asoma a la ventana y observa a una paloma, que en
la crítica de cien literatos consumados.

¿Será el águila de yeso
un dios para la paloma?

¿Será la mirada del niño
un dios para el poeta?

LA LUZ DE LA VIDA DETENIDA
(ENSAYO Y POEMA)

Tenías cinco años y yo diez
Tendrás cincuenta y uno y yo cincuenta y seis
Los años son una distancia que se pierde con los años
El tiempo se pierde con el tiempo
y se vuelve un lugar en el que el alma puede descansar

Llega un punto donde se tienen más recuerdos que proyectos
Y no es por falta de ideas
sino por el calor de volver a habitar un espacio conocido
Aunque las épocas sean turbulentas
su recuerdo será un lugar tranquilo
donde podemos pasar horas recorriendo un año
o un instante

¿Y si decidiera que mi proyecto es recordar?

A veces
como que ya no interesa el paso hacia delante
sino la luz que abraza al mirar atrás
La luz de la vida detenida
Tiempo listo para volverlo a vivir

Sírveme un trago cuando venga a construir recuerdos
Sírveme un vaso de agua cuando venga a hospedarme en ellos

Después de noches voraces que devoraban la madrugada
huele a sangre afligida
a canción coreada por una sola voz
a memorias de esas mañanas decapitadas del alba
ahora tranquilas como mi estudio un domingo en la noche
donde bebo agua
llueve un poco
y rayo en un cuaderno
el instante detenido que vivo

Nota:
Al comienzo, este texto fue explicativo, ensayístico. Poco a poco
fue encontrando el modo de sumergirse. Tal vez el ensayo sea un
poema diurno y el poema, un ensayo que ha encontrado su noche.

LA LUZ DE LA VIDA DETENIDA
(EFECTOS SECUNDARIOS)

No tengo ambiciones ni deseos
Ser poeta no es una ambición mía
Es mi manera de estar solo

Alberto Caeiro

No se escribe poesía con el afán de ser mejor poeta
sino con el llamado a apreciar más la vida
Apreciar exige contemplación
La poesía implica contemplar
Poesía es también la luz de la vida detenida

Contemplar:
Darle más lugar al ser que al hacer
La única manera de hospedar el tiempo

Degustar el instante
no atragantarse de momentos
Permitir que lo poético habite en uno
Ser su leal instrumento

Pisar una hoja seca
e imaginar el árbol
no importa si se convierte o no en poema

Paradójicamente
cuando se entra en estado de contemplación poética
cuando se escribe para apreciar más la vida
hay depuración de técnica o descubrimiento de una nueva
y se es mejor poeta
aunque esto último
sea solo un efecto secundario.

LUGAR NO COMÚN

Y cuando te sientes a gusto dentro de un poema
lo que en verdad te agrada no es el poema
sino la forma que en él ha tomado tu soledad

La poesía acompaña
descubre
armoniza
a veces conforta

Ver el poema como un taller de escultor
donde el poeta amasa y da nuevas formas
a la misma soledad.

SOBRE LA POESÍA PURA

Hay quienes pueden convertir la muerte en aire
Yo no puedo
No lo resisto
Antes de darme cuenta
le he arrancado un pedazo que estoy masticando

Planeo transformarla
convertirla en aire
pero su sangre se me escurre entre los dientes.

ROMPER UNA ALCANCÍA

Hay un milagro al hacer un cerdo de barro
Partes su cabeza y él sigue sonriente
como si disfrutara alimentarte desde un año remoto

Apilas sus vísceras en hileras de monedas
Pesas los brillos
Palpas escudos y caras

Escribes una cifra en tu cuaderno personal
lleno de versos y anotaciones
Tienes más poemas que monedas

Cierras el cuaderno
y tratas de sonreír con la cara amarga
como una alcancía que se rompe.

LECCIÓN POÉTICA DE FÍSICA

Puse un poema en la balanza
No pesa nada
El mundo transformado pierde peso
Las pupilas hundidas en el blanco de mis ojos
Mi mano liviana como aire sin pensamiento

Todo se me carga en los hombros
Me hace doblar la espalda
y sentarme a escribir un poema
que pongo en la balanza
frente a ustedes
y no pesa nada.

LECCIÓN POÉTICA DE PALEONTOLOGÍA

Hay días en que algunas imágenes
se vuelven más frías y se congelan
y lo congelado pesa
cae
se rompe
corta
pero corta frío porque
aun partidas
siguen siendo imágenes con escarcha
que ya deberían haberse fosilizado

pero no

ahí se conservan
con su amargura coagulada
para el regocijo
de algún tipo de paleontólogo.

LECCIÓN POÉTICA DE GEOGRAFÍA

En su geometría de imperfecciones
tienen los mapas la forma del mundo
Detenerse en sus bahías y penínsulas
Orillas de continentes que antiguamente encajaron

A las nubes las estudia una cartografía celeste
Cambian más rápido que los continentes la forma de sus presagios
Pero el encanto de observar mapas no es cuestión de vaticinios
sino de inmensidades
Uno se pierde en ellos como en las nubes
Buscando contornos
regiones
líneas que crucen lo que no tiene forma

Y se habita un mapa con más inmensidad que un territorio
porque todos los kilómetros caben en la mirada
y cada sendero se recorre con el tacto
como palpando en braille países que no hemos visto.

LECCIÓN POÉTICA DE GEOMETRÍA HORIZONTAL

El moribundo espera tendido en la cama
La hoja de papel cae de cara contra el suelo
El árbol se inclina como un puente sobre el agua
La res duerme en el césped el corazón de sus cuatro estómagos
La inmensa escalera de acero se acuesta para que sobre ella pase
[el tren

La vida sobre la tierra es un volverse horizontal
y poco es el tiempo que estamos erguidos para ver
[los dos costados del viento
Simplemente viajamos en el tren
mientras el sol lanza sus rayos de lado contra la verticalidad
[de las ventanas
y nosotros
horizontales de horizonte
andando el paisaje de un mapa que al desplegarse pierde
[los meridianos
combatimos el paralelo de la muerte
al
po
ner
nos
dc
pie.

LECCIÓN POÉTICA DE SALUDOS Y DESPEDIDAS

La mano que dice hola
oscila de izquierda a derecha
como la mano que dice adiós

La mano que dice hola
tal vez lo hace un poco más rápido
con el latido ansioso
de acercarse a aquello que saluda

La mano que dice adiós
se mueve más lenta
impulsada por esa naciente nostalgia
que pendula del apego a la separación

Las manos que dicen adiós
no saben si un día se conviertan
en manos que saludan

Las manos que dicen hola
nunca esperan convertirse
en manos que se despiden

Y así vamos
con las palmas abiertas estrechando el viento
desde la proa de un barco
la ventanilla de un tren
o el portón de un colegio a finales de noviembre

Somos nuestras manos de izquierda a derecha
vacías de pañuelos o banderillas
que saludan y se despiden y quedan nuevamente solas
como si existir fuera cosa
de ir sacudiendo el aire.

EL SUBSUELO DE LA NOCHE

ESTAMOS EN EL SUBSUELO DE LA NOCHE

No sé si se han dado cuenta
pero estamos en el subsuelo de la noche
Esta es la hora en que los tendones se desinhiben
la luz del alcohol se hace densa
y esa risa pícara del hígado ya no encuentra piel que la contenga

El hoy y el mañana se funden en la tentadora nebulosa del ahora
El limbo abre su paréntesis donde todo se permite
                              [y nada se recuerda
Hay humo sobre las luces de neón
y vapor caliente contra las ventanas
Alguien lee este poema exaltado en la alta madrugada
Los ojos pierden el juicio
y la carne, la cordura

Aunque tu cara esté sobria
tienes el cuerpo lleno de bocas que no paran de reír
Hasta aquí hemos descendido
Estamos entrando al subsuelo de la noche
a su cueva de perversas músicas
¡Brindemos!
Sean todos bienvenidos
Noche y día son dos partes del mismo planeta
La única forma de salir de este agujero
es seguir cavando.

EL MINERO EBRIO

Arenga en la taberna después de llegar al subsuelo de la noche:

Las copas se acaban
el calor sube
las mesas cantan versos de Vallejo
La ciudad afuera enseña su carcajada más fría

Se ordena que
a partir de este momento
en aras de la profundidad de los temas expuestos
continúe la excavación de la palabra
y tomen control de la noche
los bajos fondos de la poesía

Para el minero ebrio
tiene su encanto haber llegado adonde nadie ha ido

Beber la evocación
Evocar
da más placer que beber

El esfuerzo agota
El agotamiento tiene al descanso como recompensa

En cambio
el placer hastía
el hastío conduce a la inapetencia
destruye
y no tiene recompensa

El minero ebrio regresa sobrio de sus propios abismos:

He ahí uno que va y vuelve del infierno —dicen—
He ahí uno que juega con el corazón del diablo.

CERTEZA DE OFICIO

No alcanza una vida para contener la infancia
No alcanzan las noches para contener los días
Y lo digo ahora
que extiendo una noche en la mañana
sabiendo que no bastan los poemas
para contener lo que no se alcanza

La luz de una lámpara
en vano compite con el amanecer.

RITUAL CON BOTELLA VACÍA

Tus sustancias te fueron otorgadas por un dios abismado
Respétalas
Ámalas
Pensar demasiado cierra el precipicio

Correspondo a este acunar de escorpiones
A este cincelar de las piedras más irresponsables del desierto
Y como gratitud por su espontaneidad
para evadir la lógica y afantasmar la memoria
le doy por tumba a este lapicero
una botella vacía.

BRINDIS AL TERMINAR DE ESCRIBIR UNA OBRA

Brindo por el encierro que dignifica el trabajo del escritor
Por la tiranía de la narrativa que me vistió de corbata en casa
Por la poesía y su plenitud de vacío

Brindo por el pelo caído y los años idos
Porque el vaso en que serví soda hoy tiene whisky
Por estas ganas de lanzarme al suelo a levantar mi sombra
Brindo por ser la abeja que ha entregado su aguijón.

FRENTE A USTEDES CON UN POCO DE VERGÜENZA

> *Pero también hay otro tipo de poesía*
> *de la que me ha tocado conocer curiosas formas,*
> *en una suerte de competición*
> *por un trofeo de popularidad.*
>
> "Arte poética", JORGE ENRIQUE ADOUM

Francamente, paso frente a ustedes con este papel en la mano y un poco de vergüenza, porque no soy del tipo de autores que lee poemas mientras toca la gaita y golpea un tambor. Tampoco tengo interés en preguntar cómo maúllan los gatos en Tokio y hacer un performance con los maullidos del público. No tengo la osadía de la mujer que orina mientras lee poemas en el escenario y hace ruidos con la vagina. No tengo la osadía, ni las ganas de orinar, ni esa ruidosa vagina. Ni siquiera tengo idea de dónde salió eso de que a un poeta no le basta con escribir poemas y vivir en poesía.

Hasta donde yo sé, la poesía sólo hace gala de su sencillez. Trabajar minuciosamente cada verso para transmitir lo que no se dice. Sujetar el vacío con escasos hilos de tinta. Cantar el silencio con la música de las palabras. Mejor dicho, ser en sí misma una experiencia poética viva, no una representación o performance de la vida.

La poesía es contundente, a veces amarga, puede tener humor y ser cotidiana, pero sus besos y risas no ocultan los colmillos. Es mejor no intentar disfrazarla porque no se deja; salta, se va, no regresa y te quedas con el disfraz en la mano. Quien diga que la poesía es una amante dócil es porque no la conoce.

Y de nuevo me excuso ante ustedes por mi pereza teatral. Hoy sólo vine a leer un poema sin pretensiones épicas o escénicas. Es más, ni siquiera estoy seguro de que esto sea un poema. Lo que sí puedo decir es que vengo a compartir un conjunto de palabras desnudas en las que puede que ronde o no la poesía, no lo sé, y que tal vez alguno de ustedes quiera vestir, acoger u olvidar.

LA POESÍA ES LO QUE CADA CUAL NECESITA DE ELLA

Para quienes la prefieren lírica melodiosa metafórica preciosista
rimada o no rimada con mucho olor a biblioteca
eso es poesía

Para quienes la prefieren críptica abstracta con densidad de
lenguaje que esconde la imagen concreta en un Miró oscuro y
nada figurativo
eso es poesía

Para quienes la prefieren dramática dolorosa punzante cortavenas
existencialista estertor de espíritu atormentado
eso es poesía

Para quienes la prefieren irónica franca creativa ingeniosa humo-
rística como un pensamiento que siente o una emoción que razona
eso es poesía

Para quienes la prefieren eufónica sonora constructora de lenguaje
y nuevas palabras con más ritmo que concepto como partitura
silábica
eso es poesía

Para quienes la prefieren visual cargada con una imagen construida
dentro de otra imagen construida en la arquitectura de un sueño
eso es poesía

Para quienes la prefieren ceremonial introspectiva solemne canónica
sublime éxtasis de vuelo místico
eso es poesía

Para quienes la prefieren onírica fantástica fabulosa incoherente
con la realidad pero plena de irrealidad imaginativa porque se
recarga de imágenes construidas en las riberas del azar o del sueño
eso es poesía

Para quienes la prefieren social contestataria con el puño arriba en
una plaza pública comprometida con la realidad histórica política
geográfica
eso es poesía

Para quienes la prefieren vanguardista innovadora proponente
sugerente inquieta curiosa que siempre plantea una forma osada y
con pantalones como *La nube en pantalones* buscadora de horizontes
eso es poesía

Para quienes la prefieren de largo aliento contundente exclamativa
con sintagmas narrativos que cuenten sin dejar de cantar la
atmósfera en un carruaje al galope de sustantivos y verbos
eso es poesía

Para quienes la prefieren breve concreta epigramática aforística
contemplativa silente haikucesca grano de arroz germinado en los
campos de la metafísica
eso es poesía

La poesía es lo que cada cual necesita de ella
Una ventana para ver el mundo desde el interior de cada uno
por lo tanto
un estilo no puede deslegitimar a otro

No afecta cuál sea la orilla de su resonancia
pero sí la hondura de su repercusión

No importa si la emoción que la provoca es ira tristeza rabia
[amor dicha
siempre y cuando sea una placa de esa emoción desbordando
[el alma

Tampoco importa si no te gusta la palabra alma
y menos si este escrito es o no poesía
Huidobro
—a quien leo y admiro—
diría que no porque hay demasiados adjetivos

Repito:
La poesía es lo que cada cual necesita de ella
No interesa la clasificación de géneros literarios
porque se escribe por necesidad de conciliarnos con el mundo
no por encajar en un género

Eso no significa que todo escrito sea un poema
pero sí que cada poema inaugura una forma
y a veces una gramática

¿Esto es un ensayo?
¿Un manifiesto?
¿Un poema?
¿Un texto raro sin comas y con ínfulas de los tres anteriores?
¿A quién le preguntamos?

Nicanor Parra anunció que los poetas ya no están en el Olimpo
Preguntémosle a cualquiera que no haya ido por allá.

OTRAS LUCES DETENIDAS

EL MAR DE JOSEPH CONRAD

El mar eriza sus púas contra las embarcaciones
y captura el salto atigrado de los relámpagos
Qué dios catábico sacude ese abismo cubierto de agua

Sobre la balsa
un niño lo acaricia
como la piel de un manso animal.

EL MAR DE DEREK WALCOTT

Tiene el mar
un azul atardecido
que zumba entre las manos

Sospecho que dentro de las caracolas
tiembla el oído de Dios.

OLGA OROZCO LEYENDO
LAS MANOS DEL MENDIGO

Estas manos
escarbadoras de cajas abandonadas
escogen su futuro en el pasado de otro

Se abren al sol con las palmas hacia arriba
como un rito de flores que se pudren en el andén
Pétalos callosos donde el cobre se oxida
Remiendo descosido por el que un hombre escapó

Estas palmas tienen las líneas del destino bajo tierra
Y es tierra casi estéril
casi enferma
de la que sólo crecen monedas de pan

Veo que estas manos amanecen desnudas contra los muros
apretando el frasco de pegamento que les une la vida al suelo

Mira tus planetas desalineados
Mira la línea familiar que no cierra el anillo de Salomón

Veo estas manos pegadas a la espalda de los edificios
en espera de otra caja abandonada con una vida por reciclar.

EL POEMA QUE NO SE TERMINÓ
DE ESCRIBIR EN LA CONVENCIÓN
DE ESCRITORES EN VERMONT

"Capacidad del ascensor 1200 kilos. Certificado de inspección disponible en la oficina del gerente del hotel".

Así iba el poema de Moe Szyslak para la Convención de Escritores en Vermont. Le fue imposible superar "Aullando a una luna de concreto". Tal vez se desveló y se asomó a la ventana para enterarse de que el cielo es más que un rectángulo de niebla que se traga la luna. Entonces prefirió ir al ascensor del hotel, esa habitación voladora donde se lucha por un punto libre donde hospedar la mirada, y accionó el botón de alarma. ¿Qué otra cosa podría hacer un cantinero para quien el exterior aterra más que el encierro? Moe, el paisaje, lo mires o no, jamás cierra la ventana.

BALANCE TEMPORAL EN EL CUADERNO DE BERNARDO SOARES

Al futuro le debo hipótesis e incertidumbres
El presente pasa tan rápido que todavía no sé qué le debo
Pero cuando lo sepa será pasado
y al pasado le deberé una contabilidad de epifanías
y la posibilidad siempre abierta
de invocarlo en reposo.

LAS CORTINAS ABIERTAS
DE DYLAN THOMAS

Por esta ventana
entra la ciudad cuando le roban los afanes

Reposo intermitente de avenidas
Lumbre de postes en el camino del ebrio

La luna me ha puesto un vacío de bocas
y un ruido en la mirada

No cerraré las cortinas
Hoy me alimentará la noche.

VOZ DE *LA AMORTAJADA*
DE MARÍA LUISA BOMBAL

La sombra del árbol crece por las paredes
y repta la superficie de las cosas

El árbol observa su sombra
igual que un viejo ante el espejo

En sus ramas estranguladoras de lunas
la pupila blanca del insomne

Oh gutural arrullo
Gran oquedad de maderas

Deja de guardar la noche de tus ramas
debajo de mis ojos.

UN FLUIR DE SANGRES
DENTRO DE WALT WHITMAN

Si supieran los hombres de América
que cavando en mí los veo a ellos
que cada palabra es posible gracias a su fluir de sangres
Porque no soy un hombre sino millones
Ellos son en mí
Y prolongo su perspicacia para la soledad y el desprendimiento
aunque poco o nada soy yo ahora en ellos.

LOS ABANDONADOS
DE ERNESTO CARDENAL

No alcanza una vida para ser tres al mismo tiempo
Sacerdote Poeta Revolucionario
Desecha dos y sálvate con uno

Se te pueden aparecer esos abandonados
con su cadena de nostalgias e hipótesis
Llama al que escogiste y pídele que se coma a los otros dos

Podrás decir entonces que ese que tú eres
se alimentó de los que pudiste ser.

LAS HIPÓTESIS DE ERNESTO CARDENAL

¿Qué pensará de mí la vida cuando le entregue mis hipótesis?
Era cuestión de elegir y no nos elegimos

Me gustaría que cuando una hipótesis de mis vidas
—el sacerdote, el poeta o el revolucionario—
cruzara por el frente
me mirara con amor y nostalgia sin decirme nada
como una buena examante después de mucho tiempo

Es más
Que ni siquiera estemos seguros de habernos reconocido
y se pregunte:

¿Será él?
¡Cómo ha cambiado!
¿Acaso la que está a su lado es Marilyn Monroe?
Mmm...
Se ve como alguien que no necesita de hipótesis.

TEORÍA DEL COLOR AL ESTILO
DE DÉBORA ARANGO

Colores fríos:
La vendedora de mazorcas
cubre su parrilla de la lluvia
con un paraguas azul

Colores neutros:
El mimo y la paloma
palpan sin asombro
el aire de su jaula

Colores cálidos:
A la estatua humana
desnuda de diablo
la abriga el rojo de su pintura.

ROBERT WALSER COMO TURISTA
DE ESTA ÉPOCA

> *Si has pagado tus deudas, has cumplido tu voluntad,*
> *has resuelto tus compromisos y eres un hombre libre,*
> *entonces estás listo para una caminata.*
>
> H. D. Thoreau

Cuando camina el pensamiento
no alcanzan los caminos
Se dan pasos como recorriendo un aire baldío
contando la nada con las piernas

Cambia el golpe de sol en las busetas
cambia la tonalidad de los semáforos
Y al llegar a casa
el tapete que dice "Hogar dulce hogar"
cambia a una tonada descontinuada

Andamos como turistas de esta época
con la sospecha de estar siempre de paso
Desde la ventana
el pensamiento sigue caminando.

UNA FUGA PARA NAZIM HIKMET

Cuando se van las paredes
también se van las fugas

¿De dónde escapas cuando todo está abierto?
¿Adónde huyes a buscar espacios vacíos?

La fuga de la huida es el encierro
Un cubo de hielo hecho con agua de la calle

¿Recuerdas el día que la jaula fue de plumas?

Lo inolvidable
es también lo irrepetible.

CÉSAR VALLEJO QUIERE ESCRIBIR PERO LE SALE ESPUMA

Un buen poema
capaz de extinguir el hielo de todos los pechos fríos
está a punto de brotar

Un poema que capture tal cantidad de lluvia
como para sobrevivir en el desierto

El corazón se calienta
La vida te lanza un buen poema

Pero te ocupas de mundo
y olvidas el poema

Te quedas con la memoria vacía
y el corazón más que tibio
Una estufa encendida con agua que se derrama
y nada que cocinar.

LECCIÓN PERDIDA DEL *BESTIARIUM* DE DULCE MARÍA LOYNAZ

Ex cornu aspersum ad lepidoptera
(Del caracol a la mariposa)

Mejor que verte desde lo alto
es recorrer un sótano
seguir un destello
y encontrarte allá
arriba

Noche tibia
Calle sola
Un caracol de inframundos
se acerca a tu gota de luz.

GUILLERMO MARTÍNEZ GONZÁLEZ
SE MUDA A SUS SUEÑOS DE AGUA

Yo estaré siempre de su lado
Porque amo sus sueños de agua
GUILLERMO MARTÍNEZ GONZÁLEZ

Poco a poco
empiezas a deshabitar tus fotografías

Miras de frente y liviano
como si ya no pesaran los expedientes
en el corazón de un hombre

Queda la sensación de haberte soñado
y de haberte pedido que no te entraras todavía
Que conversáramos un poco más en el afuera de los vivos

Pero ni modo
Estar adentro de la memoria
y de los despertares
y de la musiquilla que suena y suena en las canales de agua
es tu única forma de estar.

DEL EXPEDIENTE PERDIDO
DE JUAN GELMAN

Hundido en el destenerte
Un mientras que no se extingue
Un cuándo fuera del cuadrito de los calendarios

Dame el agua de tu canción de cuna
en la boca de tus primeras palabras
El brío de la sangre nómada
nos abandera las venas desde Ucrania

Los ausentes para siempre
Así titularon la lista donde pusieron tu nombre
sin que nadie hubiera visto tu cadáver

Es un *para siempre* raro
Descorpado
El *para siempre* de la dictadura yo no me lo creo
Porque cuando se concibe un hijo
también se engendra un cuerpo
y necesito tu carne para desalmarte del mundo
a punta de lágrimas

Hijo mío
te cuento
no sé si sepas
tu esposa está en cinta y la desaparecieron
La dictadura mundó mi deshijación a vos

Y peor que ser un desaparecido
es buscar a alguien que no aparece
Esto de mirar la noche afantasmando un ruego
y ver que uno
en cada *para siempre*
va perdiendo las sílabas de su propio cuerpo:

Ayer me decías Padre
Viejo mío
y hasta Viejo del alma

Sin vos
me cabe la vida en una sílaba:

Juan.

LA CARNE EN SYLVIA PLATH

La carne de un cuerpo no siempre llama a otro cuerpo
Al menos no esta vez
La luna corta en dos puntas las espaldas
Nos vamos intactos
con las sábanas invictas
y el deseo vivo de entrar a la ducha
para seguir a solas

Qué somos
Qué pasa
Qué hacemos

Dame una razón para estas lunas cortadas
Dame una razón
antes de que metamos las sábanas a la lavadora
y ella se trague la burla de nuestras noches blancas.

EL ESPÍRITU EN TED HUGHES

Debí haber pasado más tiempo
viéndote las manos cuando llegan a la cara
y la cara cuando se une al cuello

Casi he olvidado un montón de partes redondas

¿Para qué el amor cuando se ha ido el cuerpo?

No es justo
No se vale

Sin un sujeto presente
yo ya no debería sentir nada.

MAROSA DI GIORGIO REGRESA
A SU CASA DESPUÉS DE MORIR

Vengo a habitar mi recuerdo
La casa me reclama por mis noches fuera
Quiero lavar los platos
barrer el piso
sacudir un poco el polvo
Que la casa sienta que aún la quiero
Parece que le hecho falta
Su silencio mueve la cola como un perro fantasma

Quisiera sacar la basura
botar la leche podrida
guardar los huevos en la heladera antes de que se empiecen
                                                    [a dañar
El calendario en la pared quedó detenido en agosto
Antes de esa fecha
la casa y yo:
una soledad dentro de otra

Mia cara casa,
tu sei la mia casa,
sono la tua casa
e ciascuno è l'abitante dell'altro

Miro las paredes sin cuadros
los libros cerrados
la lámpara agachada
las especias en la heladera
la cartelera de asuntos pendientes con todos los temas en blanco
Imagino una breve tonada de piano
y me despido
Allí queda la casa
Su soledad viene conmigo.

MARÍA MERCEDES CARRANZA REGRESA A SU CASA DESPUÉS DE MORIR

> *Se oirá nada más*
> *el canto de las moscas*
>
> María Mercedes Carranza

La cortina tiene el peso de las moscas
lentas
gordas
perezosas
No hay corriente que las espante
Moscas a contraluz de los velos
La soledad se pudre en casa
Las moscas se alimentan del cadáver de la soledad

4 interruptores apagados
1 citófono con polvo
1 lavamanos con polvo
1 ducha con polvo pero en buen estado
Agua en el vaho de las arañas
2 ventanas
12 vidrios
1 espejo
0 reflejos
3 puertas de madera
3 picaportes
1 puerta metálica con chapa de seguridad y nada adentro
Las bisagras se oxidan sin ser empujadas
Piso de baldosa

Techo de madera
Pared corrugada blanca
Solo moscas en medio

No hace falta hablar para construir a alguien
En esta casa de moscas ya se dijo la última palabra.

"archivo de noche
o tres vellocin"

ADENDA

"Sobre la posesión", traducciones

Coordinado por Alfredo Perez Alencart

SOBRE LA POSESIÓN

Ella no es tuya
sino del vacío que te asfixia cuando ella te falta
Ama el aliento que tú recoges en palabras
Ama su idilio nocturno a cualquier hora del día

Ella no explica
No consuela
No te regala un solo grano de certeza

Alégrate por las veces que te ha mirado
Si la amas sin exigencias puede que te vuelva a mirar

No pienses mucho porque la espantas
Toma con calma el ciclo del entusiasmo al desapego
de la euforia a la congoja
La poesía es mujer de intermitencias.

ÜBER DEN BESITZ

Sie ist nicht dein
sondern gehört der Leere, die dich erstickt, wenn sie dir fehlt
Sie liebt den Hauch, den du in Worte fasst
Liebt ihr nächtliches Idyll zu jeder Stunde des Tages
Sie erklärt nicht
Tröstet nicht
Schenkt dir kein Körnchen Gewissheit
Freu dich über die Augenblicke, in denen sie dich angesehen hat
Wenn du sie liebst ohne zu fordern, sieht sie dich
                       [vielleicht wieder an
Denk nicht viel, sonst verschreckst du sie
Nimm mit Gelassenheit die stete Wiederkehr
          [von Begeisterung und Loslösung
von Euphorie und Beklommenheit
Die Poesie ist Frau der Unstetigkeit.

Traducción al alemán: Nely M. Iglesias y Beate Igler

소유에 대하여

그녀는 너의 것이 아니다
그녀는 그녀가 없을 때 너를 질식시키는 공허이다
말에서 끌어낸 숨결을 사랑하라
대낮 언제라도 들리는 밤의 사랑의 노래를 사랑하라

그녀는 설명하지 않는다
그녀는 위로하지 않는다
그녀는 너에게 단 한 톨의 명확성도 선물하지 잃는다.

그녀가 널 바라볼 때마다 기뻐하라
그녀를 조건없이 사랑한다면 그녀가 다시 너를 바라볼 수도 있지

그녀를 놀래킬려고 많이 생각하지 말라
열정에서 무정으로,행복에서 고뇌로
돌아가는 주기가 있음을 침착하게 받아들여라
간헐적으로 멈추는 주기가 있는 여자가 시(詩)이다

　(민 용태 옮김
Traducido al coreano por Yong-Tae Min)

OVER BEZITTEN

Zij is niet van jou
maar van de leegte die je verstikt als je ze mist.
Hou van de moed die jij in woorden vat
Hou van haar nachtelijke idylle op elk uur van de dag.

Zij geeft geen uitleg
Geen troost
Ze schenkt je geen greintje zekerheid.

Verheug je over de keren dat ze je heeft aangekeken
Als je van ze houdt zonder eisen te stellen, kijkt ze je
[misschien opnieuw aan

Denk niet veel na, want je jaagt ze schrik aan
Aanvaard kalm de cyclus van enthoesiasme en onthechting
van de euforie en de beklemming.
De poëzie is een vrouw met tussenpozen.

Traducción al neerlandés: Miek Van Goethem

أليخاندرو كورتيس غونثاليث

حول التملّك

هي ليست لك
بل للفراغ الذي يخنقك حين تغيب
هي تُحِبُ النَفَس الذي تجمعه في الكلمات
تُحِبُ سِحرها الليلي في أي ساعة من النهار.

هي لا تبرر
لا تُعزّي
ولا تهبك حبّة يقين واحدة.

افرحْ بتلك اللحظات التي نظرتْ إليك فيها
إن أحببتها بلا مطالب قد تعود لتنظر إليك.

لا تُفكّر كثيراً، فإنك تفزعها
خُذ بهدوء دورة الحماس ثم الفتور
من النشوة إلى الكآبة
إن القصيدة امرأة متأرجحة بين القطيعة والوصل.

Traducción al árabe: Abdul Hadi Sadoun

SAHİPLİK HAKKINDA

O senin değil
Fakat yokluğunda seni hüzne boğan boşluğundur
Kelimelerde topladığın nefesi sever
Günün herhangi bir saatinde gecelik idilini sever

O ne açıklama yapar
Ne teselli eder
Ne de sana tek bir kesinlik kırıntısı verir

Sana baktığı zamanlar için sevin
Eğer onu karşılık beklemeden seversen sana tekrar bakabilir

Çok fazla düşünme çünkü onu ürkütürsün
Sakince karşıla coşkudan kopuşa giden döngüyü
Esenlikten kedere gideni
Şiir fasılaların kadınıdır.

Traducción al turco: İrfan Güler

OM BESIDDELSE

Hun er ikke din
men fra tomrummet som kvæler dig når du mangler hende
Hun elsker den inspiration som du henter i ordene
Hun elsker sit nattesværmeri når som helst på dagen

Hun forklarer ikke
Trøster ikke
Forærer dig ikke et eneste gran sikkerhed

Glæd dig over de gange hun har set dig
Hvis du elsker hende uden krav kan det være hun kigger[på dig igen

Tænk ikke meget for du skræmmer hende
Hun tager helt roligt på vekslen mellem entusiasme og distance
mellem eufori og fortvivlelse
Poesien er en omskiftelig kvinde

Traducción al danés: Helge Krarup

U JWÁAYTMA'ON

Leti'e' ma' a ti'ali'
U ti'al le jojochil ku kupik a wiik' le kéen a wil mina'an
Yaabilt le ch'a' iik' ka ch'a'ik ti' t'aano'ob
Yabilt u áak'ab yakunaj ti' je'el máakalmáak súutukil k'iine'
Leti'e' ma' tu tsolik mix ba'al
Ma' utia'al náaysaj óoli'
Ma' tu síiktech mix jump'it u jaajil
Ki'imak kunsaj a wóol yéetel jaayten ts'o'ok u paktikech
Wáa a yakumaj yéetel utsil, bíin u ka paktech
Ma' a jach tuukul tumen u biine'
Jets'kuns a wóol, yaan u ki' óoltsil yaan u loobil
Yaan u ki'imak óoli' yaan u yajil
Le iik'il t'aano' bey juntúul je'elel ko'olel

Traducción al maya: Gumercindo Tun Ku

আলেহান্দ্রো কোর্তেস গোন্সালেস

দখলবৃত্তান্ত

ও তোমার কেউ নয়
কিন্তু দমবন্ধ হয়ে আসে তোমার যখন ও চলে যায়
ও ভালোবাসে সেই শ্বাস–প্রশ্বাসকে যা তুমি শব্দে চয়ন করেছো
ভালোবাসে ওর রাত্রির রোমাঙ্গ দিনের যে কোনো সময়ে

ও উত্তর দেয়নি
সান্ত্বনাও দেয়নি
তোমাকে এক কণা নিশ্চয়তাও উপহার দেয়নি

খুশি থাকো সেই মুহূর্তগুলোকে ভেবে যখন ও তোমায় চেয়ে দেখেছিল
যদি নিঃশর্ত ভালোবেসে থাকো ওকে তবে তোমার দিকে ফিরে তাকাতে পারে

খুব বেশি ভেবো না কারণ তুমি ওকে ভয়ে দূরে ঠেলেছো
ধীরে ধীরে তুলে নাও উৎসাহ থেকে নির্লিপ্ততার সাইকেল
উচ্ছ্বাস থেকে যন্ত্রণা
কবিতা আসলে বিরতিহীন নারী ।

[অনুবাদক: মৈনাক আদক]

Traducción al bengalí: Mainak Adak

DESPRE POSESIE

Ea nu este a ta
ci a golului ce te sufocă atunci când ți-e dor de ea
Îți iubește respirația pe care o aduni în cuvinte
și idila sa nocturnă la orice oră din zi

Ea nu explică
Nu consolează
Nu-ți oferă niciun pic de siguranță

Bucură-te pentru clipele în care te-a privit
Dacă o iubești fără vreo pretenție, s-ar putea să te privească din nou

Nu te gândi prea mult pentru că o sperii
Ia-o ușor pe drumul de la entuziasm la detașare
de la euforie la angoasă
Poezia este o femeie a intermitențelor.

Traducción al rumano: Rodica Grigore

VALDAMISEST

Sa ei valda teda
vaid sind kägistab tühjus kui teda ei ole
Armasta hingeõhku mida kogud sõnadesse
Armasta tema öist idülli mis tahes päevasel ajal

Ta ei seleta
Ta ei lohuta
Ta ei kingi sulle kindluse kübetki

Rõõmusta kui ta su poole aegajalt vaatab
Kui armastad teda nõudmata midagi vastu
           vahest vaatab ta sinu poole veel

Ära mõtle liiga kaua sest siis hirmutad ta ära
Võta rahulikult viivu vaimustuse ja ükskõiksuse vahel
eufooria ja ängistuse vahel
Luule on vahetevahel seisatav naine

Traducción al estonio: Jüri Talvet

SUL POSSESSO

Lei non è tua
ma del vuoto che ti soffoca quando ti manca
Ama il respiro che raccogli nelle parole
Ama il suo idillio notturno a qualsiasi ora del giorno

Lei non spiega
Non consola
Non ti dona un solo briciolo di certezza

Rallegrati per tutte le volte che t'ha guardato
Se l'ami senza pretese potrebbe guardarti ancora.

Non pensare troppo perché la spaventi
Affronta con calma il ciclo dall'entusiasmo al distacco
dall'euforia alla tristeza
La poesia è donna d'intermittenze.

Traducción al italiano: Vito Davoli

अलेखांद्रो कोर्तेस गोंसालेस

स्वामित्व पर

वो तुम्हारी नहीं है
बल्कि उस खालीपन की है जो तुम्हारी साँसें रोक देता है जब वो नहीं होती
मोहब्बत करो उस साँस से जिसे तुम शब्दों में पिरोते हो
मोहब्बत करो हर पहर उसके शबाना इश्क़ से

वो न समझाती है
न दिलासा देती है
न ज़रा-सा यक़ीन भी देती है

शुक्रगुज़ार रहो उन लम्हों का जब-जब उसकी निगाह तुम पर ठहरी है
अगर तुम बे-तलब मोहब्बत कर सको, तो शायद वो फिर तुम्हें देखे

मत सोचो ज़्यादा, वरना वो सहम जाएगी
सब्र से जियो वो दौर — जुनून से बेपरवाही तक
उन्माद से ग़म तक
कविता एक औरत है — जो रुक-रुक कर आती-जाती रहती है

Traducción al hindi: Vikash Kumar Singh

À PROPOS DE LA POSSESSION

Elle n'est pas à toi,
mais plutôt au vide qui t'étouffe en son absence.
Aime le souffle que tu recueilles dans les mots.
Aime son idylle nocturne à toute heure de la journée.
Elle n'explique rien.
Elle ne console pas.
Elle ne t'offre aucune garantie.
Réjouis-toi de ces fois où elle t'a jeté un coup d'œil.
Si tu l'aimes sans exigences, peut-être te regardera-t-elle.
Ne réfléchis pas trop, car tu l'effraies.
Sors lentement de l'enthousiasme vers le détachement,
de l'euphorie à l'angoisse.
La poésie est une femme d'intermittences.

Traducción al francés: Gahston Saint-Fleur

PAR PIEDERĪBU

Viņa nav tava
Viņa pieder tukšumam, kas tevi smacē, kad viņas nav
Tā mīl elpu, ko tu savāc vārdos
Tā mīl nakts idilli, jebkurā diennakts laikā

Viņa nepaskaidro
Nemierina
Nedod tev pat graudiņu pārliecības

Priecājies par tām reizēm, kad tā tevi uzlūkoja
Ja tu to mīlēsi bez prasībām, iespējams, atkal paskatīsies uz tevi

Nedomā daudz, jo tu viņu nobaidīsi
Mierīgi pieņem entuziasma un atsvešināšanās ciklu
No eiforijas līdz mokām;
Poēzija ir periodiska sieviete

Traducción al letón: Vita Viksne

DERBARÊ XWEDÎTIYÊ

Ew ne ya te ye
Lê ya ku dema ne li ba te be, te bi tunebûna xwe difetisîne ye
Ji nefesa ku tu di peyvan de berhev dikî hez dike
Ji îdîla xwe ya şevê di her kêliyê rojê de hez dike

Ew daxuyanî nade
Ne aj dikî
Ne jî perçeyek teqeziyê dide te

Kêfxweş be ji ber wan carên ku wê li te nihêriye
Heger tu bê daxwaz jê hez bikî ew ê dîsa li te binêre.

Zêde nefikire, tê wê bitirsînî
Bi aramî çerxa coşê ber bi veqetandinê ve bibe
Bi xweşiyê ber bi êşê ve
Helbest jineke navberdanan e.

Traducción al kurdo: Ûrfan Keni

EDUKITZARI BURUZ

Hura ez da zurea
bera ez dagoenean itotzen zaituen zuloarena baino.
Hitzetan jasotzen duzun hatsa maite du.
Gaueko amodioa maite du eguneko edozein ordutan.
Hurak ez du ezer azaltzen,
ez du kontsolatzen,
ez dizu ziurtasun zintzik ere ematen.
Poztu zaitez begiratu zaituen aldiengatik;
agian berriro ere begiratuko zaitu, ezer eskatu gabe maitatuz gero.
Ez pentsatu larregi, uxatu egingo duzulako,
lasai hartu grinatik hoztasunerako bidea,
euforiatik atsekaberakoa.
Olerkia aldizkako emakumea da.

Traducción al euskara: Roberto Mielgo Merino

EGALIK HAQIDA

U seniki emas,
balki yo'qligida seni bo'g'adigan bo'shliqniki u.

So'zlaringda nafasini tuyganingda sev uni,
Sen istagan tungi visol kunduz kelganida ham sev. Sevavergin.

U na izoh keltiradi,
Na tasalli beradi,
U zarra misqol ishonchni ham tuhfa etmaydi senga.

To'lib-tosh sen tomonga nazar qilgan lahzalarda,
Hech bir talabsiz sev uni, shunda balki yana sen tomonga kelave-
rar u ...

Ko'p o'y surma, cho'chitib qo'yma uni,
Erkin qabul qil: jo'shqinlikdan sovushgacha,
lazzatdan iztirobgacha, aylanaver shu girdobda.

She'riyat bir beqaror ayol.

Traducción al uzbeko: Dilrabó Bakhronova

KAPUYMANTA

Chay warmi mana qanpachu
Mukisqa hina ch'usaqkayninkillan mana pay kaqtin
Wayllun mukiy rimaynin qhepa pallasqallaykita
Wayllun tuta wayllusqanta pasaq tukuy p'unchaypi

Chay warmi manan rimariychu
Manan llullupanchu
Mana ch'ulla rurutapas sut'imanta suñanchu

Kusikun sapa kutin qawarisqallayta
Sichus mana mat'isqa wayllunkiman ichapascha
                [waqmanta rikusunkiman

Ama sinchita yuyaychakuychu manchachinkin
Munay thaqllawan as kusiyta kaysaypi kasqanta
aswan kusiymanta llakiman
Harawiqa warmi tatiykunawan.

Traducción al quechua: Noemí Vizcardo Rozas

O POSIADANIU

Ona nie jest twoja
ale tej pustki, co dusi cię, gdy jej zabraknie
Kochaj ten oddech, który zbierasz w słowach
Kochaj jej nocną idyllę o każdej porze dnia

Ona nie wyjaśnia
Nie pociesza
Nie oferuje ci ani odrobiny pewności

Ciesz się tymi chwilami, gdy na ciebie patrzyła
Jeśli kochasz ją bez wymagań, może znów na ciebie spojrzy

Nie myśl za dużo, bo tym ją odstraszasz
Przyjmij ze spokojem zmienny cykl od entuzjazmu do obojętności
od euforii do udręki
Poezja to kobieta pełna wahań.

Traducción al polaco: Marta Eloy Cichocka

TENTANG MILIK

Dia bukan milikmu,
melainkan milik kehampaan
yang mencekikmu ketika ia tak ada
Cintailah napas yang kauhimpun dalam kata-kata
Cintailah romansa malam di saat mana pun sepanjang hari

Dia tidak menjelaskan
Dia tidak menghibur
Dia tidak menghadiahkan
sebutir pun kepastian

Bergembiralah atas saat-saat ketika ia pernah memandangmu
Bila ia kaucinta tanpa menuntut, mungkin ia 'kan
                              [memandangmu lagi

Jangan terlalu banyak berpikir karena kau 'kan menakutinya
Terimalah saja dengan tenang lingkaran semangat itu
menuju keterlepasan, dari euforia menuju duka
Puisi adalah perempuan yang silih berganti.

Traducción al indonesio: Yohanes Manhitu

ЗА ПРИТЕЖАНИЕТО

Тя не е твоя,
освен празнотата, която те задушава,
когато я няма
Обича дъха, който събираш в думи
Тя обича своята нощна идилия
през всеки час от деня

Тя не обяснява
Тя не утешава
Не ти подарява дори зрънце сигурност

Радвай се за моментите на прекъсване,
в които те гледаше
Ако я обичаш, без да искаш нещо от нея,
тя може да се върне отново обратно

Не мисли много, защото ще я изплашиш
Премини спокойно през цикъла
на ентусиазъм и усамотение,
от еуфория – до мъка
Поезията е жена на паузите

Traducción al búlgaro: Виолета Бончева

SOU ZAFÈ POSESYON

Li pa pou ou
men se pou vid k ap toufe w lè l pa la
Renmen souf ou ranmase nan pawòl yo
Renmen plezi li yo lannwit, a nenpòt lè lajounen
Li pa esplike
Li pa konsole
Li pa ba w pyès garanti
Fè kè w kontan pou fwa li te vire gade w
Si w renmen l san egzijans, li ta ka tounen gade w ankò
Pa reflechi twòp paske w ap fè l pè
Soti dousman nan antouzyasm pou anbrase detachman
soti nan efori pou antre nan angwas
Pwezi se yon fanm ak anpil mode lage.

Traducción al creole: Gahston Saint-Fleur

О ПРАВЕ ВЛАДЕНИЯ

Она не твоя
ею владеет пустота которая душит тебя когда ее нет
Люби дыхание которое ты собираешь в словах
Люби ее ночную идиллию в любое время суток

Она не объясняет
Не утешает
Не дарит тебе ни крупицы уверенности

Радуйся случаям когда она на тебя взглянула
И если будешь любить ничего не требуя взамен возможно
                                        [она взглянет еще раз

Не думай много это ее пугает
Спокойно прими череду восторгов и отчаяния
блаженства и тоски
Поэзия женщина переменчивая.

Traducción al ruso: Kirill Korkonósenko

ON POSSESSION

She is not yours,
but rather belongs to the emptiness
that suffocates you when she is not there.
Love the breath you gather in words.
Love her nocturnal idyll at any time of day.

She does not explain.
She does not console.
She does not give you a single dab of certainty.

Rejoice in the times she has looked at you.
If you love her without demands, she may look at you again.

Don't think too much, because you will frighten her away.
Take it easy, the cycle from enthusiasm to detachment,
from euphoria to sorrow.
Poetry is a woman of intermittence.

Traducción al inglés: Ivonne Gordon

ՏԻՐԵԼՈՒ ՄԱՍԻՆ

Նա քունը չէ,
այլ այն դատարկությունը, որ խեղդում է քեզ, երբ նա չկա,
Սիրի՛ր այն շունչը, որ դու հավաքում ես բառերով,
Սիրի՛ր նրա գիշերային իդիլիան օրվա ցանկացած պահին։

Նա չի բացատրում,
Նա չի մխիթարում,
Վստահության նշույլ անգամ քեզ չի նվիրում։

Երջանիկ եղի՛ր այն պահերի համար, երբ քեզ մի հայացք է նետել,
Եթե սիրես նրան առանց պահանջելու, կարող է կրկին նայել քեզ։

Շատ մի՛ խորհիր, որ նրան վախ չպատճառես,
Հանգիստ ընդունի՛ր ոգնորությունից անտարբերություն,
Էլֆորիայից տառապանք անցումները։
Պոեզիան մշտափոփոխ կին է։

Traducción al armenio: Hasmik Baghdasarián

SOBRE A POSSE

Ela não é tua
mas do vazio que te asfixia quando ela falta
Ama o fôlego que reúnes em palavras
Ama o seu noturno idílio a qualquer hora do dia

Ela não explica
Não reconforta
Não te oferece nem um grão de certeza

Fica feliz pois ela algumas vezes olhou para ti
E se a amas sem exigências pode ser que de novo te olhe

Não penses muito, que assim a espantas
Recebe com calma os ciclos do entusiasmo ao desapego
da euforia ao abatimento
A poesia é uma mulher de intermitências.

Traducción al português: Leonam Cunha

BIOBIBLIOGRAFÍA

Bogotá, Colombia, 1977. Poeta, narrador, músico, editor, gestor cultural, profesor universitario y director de talleres de creación literaria. Autor de los libros *Notas de inframundo* (Novela, 2010), *Pero la sangre sigue fría* (Poesía, 2012), *Sustancias que nos sobreviven* (Poesía, 2015), *Del relámpago nacerán luciérnagas* (Novela, 2018), *Instantáneas dominicales* (Poesía, 2019), *Almanaque Bristol 1987* (Poesía, 2019), *El álbum púrpura* (Poesía, 2021), *Todos los diablos tienen sed* (Cuento, 2022), *Lo que queda entre las manos* (Antología poética, 2023), *El señor notario* (Poesía, 2023) y *Show de doloroso entretenimiento* (Poesía, 2025)

Ha obtenido, entre otros, los siguientes reconocimientos: Premio Internacional de Poesía Pilar Fernández Labrador (España, 2025), Premio Iberoamericano de Poesía José Santos Chocano (Perú, 2023), Premio Subterránica a mejor publicación física de rock en Colombia (2022), Beca de Publicación de Obra Inédita del Ministerio de Cultura (Colombia, 2019), Premio Nacional de Poesía Universidad Industrial de Santander (Colombia, 2014), Beca de Circulación Internacional para Creadores del Ministerio de Cultura (2013) con la que participó en el VII Festival Internacional de Poesía en París, Premio Nacional de Literatura de la Universidad Central de Colombia en las categorías Novela (2009) y Cuento (2011), y finalista del X Premio Nacional de Cuento La Cueva (Colombia, 2022).

Ha sido invitado a encuentros literarios en diferentes países de América y Europa. Es músico de Grave Compañía, director de la Fundación Trilce y coordinador del espacio cultural Trilce en Luis Ángel, Biblioteca Luis Ángel Arango, en Bogotá.

ÍNDICE

EL SUBSUELO DE LA NOCHE

OTRAS LUCES DETENIDAS

ADENDA